Fundamentos de BPMN

Rafael Morales

Ficha bibliográfica

Morales, Rafael

Fundamentos de BPMN. Introducción a la documentación gráfica de procesos

Colección Conceptos

1ª Edición - Febrero de 2016

ISBN: 978-1533142030

Sobre el autor

Rafael Morales (Madrid, 1971) es formador y consultor en las áreas de gestión de proyectos y calidad, sistemas de información y gestión de inmuebles, actividad que compagina con la de escritor y conferenciante en las mismas áreas.

Está certificado, o tiene formación, en varios marcos de gestión y auditoría, como PMBoK o CMMI. Es miembro del Project Management Institute y de la Asociación Española de Calidad, entre otras asociaciones profesionales. En la actualidad, cursa estudios de Derecho y continua su formación como auditor.

En su tiempo libre, es un apasionado de la lectura y el arte y practica algunas actividades como buceo deportivo, tiro con arco o senderismo.

Puedes ponerte en contacto con el autor a través de su perfil en LinkedIn o de su correo electrónico, en las siguientes direcciones:

* LinkedIn: http://bit.ly/20Qh0oZ

* Web: http://www.rafael-morales.com/

* Email: contacto@rafael-morales.com

Introducción

Hace unos años tuve la suerte de conocer a Mario López en una consultoría de proyectos. En aquel momento yo trabajaba como consultor de desarrollo y empezaba a buscar otras alternativas a mi futuro profesional, fuera del campo técnico en el que llevaba más de dos décadas trabajando. El proyecto de Mario era implantar un sistema de dirección y gestión en la empresa, y recuerdo con simpatía la forma en que a menudo iniciaba las conversaciones mirándome de forma seria y diciendo: "¡Procesos!". Todo eran procesos. El objetivo principal de lo que hacíamos era definir los procesos de la empresa.

Claro, yo me lo tomaba medio en broma medio en serio, aunque notaba el rechazo y desazón que provocaba esta palabreja en el conjunto de la empresa, que pensaba que eso de perder el tiempo en escribir documentos era, precisamente, una pérdida de tiempo. El proyecto terminó y cada uno seguimos por nuestro lado, pero en aquellos meses aprendí un montón de cosas prácticas de la mano de Mario y recibí buenos consejos y orientación por su parte, lo que de hecho me llevó a mi ocupación actual como consultor, formador y auditor de estas cosas.

Sólo cuando empecé a estudiar en profundidad las circunstancias y problemas que rodean a los sistemas de gestión me dí cuenta de lo acertada que era la aproximación de Mario. ¡Procesos! Si queremos crecer, optimizar, mejorar la competitividad, ampliar el negocio, aumentar el beneficio o ampliar la plantilla es necesario aprender a trabajar por procesos. Lo que implica, necesariamente, documentarlos.

Lo sorprendente es que, durante años, no ha habido una norma de verdad para hacerlo. Sí, de manera informal hay por ahí una cosa que se llaman diagramas de flujo que "más o menos" sirven para ello. Pero no he encontrado dos empresas en las que los símbolos de estos diagramas signifiquen lo mismo y, a menudo, me encuentro con personas que ignoran por completo la utilidad de muchos de ellos. Ni siquiera hay buena literatura. Ni buena ni mala. Es que no hay.

Tuve la suerte de ser una de las primeras personas que utilizó UML en los 90, gracias al trabajo que hice en España para Visual Objects, una consultora de desarrollo, y descubrí que esos diagramas encajaban perfectamente con mi forma de pensar. Me parecían de una gran utilidad en mi trabajo diario y sigo utilizándolos hoy en día. Lo que pasa es que se quedaban cortos para reflejar lo que pasaba en torno al software. Había una extensión, llamada UML para Procesos de Negocio, que permitía modelar de alguna forma esas cosas, pero no dejaba de ser un truco. Util, pero un truco.

Por eso me pareció genial la aparición de BPMN a mediados de la década pasada. Cubría una necesidad que yo había detectado en muchos proyectos y lo hacía con sencillez. Los diagramas se entienden a la primera y las reglas básicas se pueden comprender en un par de horas, así que empecé a complementar mis trabajos de consultoría con seminarios sobre BPMN. Cada vez que he tenido que implantar una nueva Oficina de Gestión de Proyectos o formar a un equipo en conceptos de gestión por procesos, siempre recurro a los diagramas BPMN para reflejar los procesos de negocio con buenos resultados. No soy el único que aprecia su utilidad y veo que son una herramienta con buena aceptación. No ocurre lo mismo con cosas como BPEL o la programación de componentes, que en teoría son la aplicación práctica de BPMN, pero todo eso forma parte del desarrollo de aplicaciones y queda fuera del alcance de esta obra.

Esta guía que tienes en tus manos corresponde a las notas de un seminario que di por primera vez en Febrero de 2016 sobre diseño de procesos con BPMN. Formaba parte de las comunidades de interés que mantiene Ediciones Rainer en distintos ámbitos de la ingeniería de software y dirección de proyectos. Inicialmente, la intención de esta guía era documentar el contenido de la conferencia para facilitar la comprensión de las explicaciones que se dieron. Lo que pasa es que al escribir siempre tiendes a entrar en un poco más de detalle, tienes la oportunidad de ampliar explicaciones que en una conferencia no puedes hacer porque no puedes improvisar un nuevo diagrama o una imagen adicional en la presentación multimedia, así que la extensión de este libro cubre un poco más de las dos horas originales de la conferencia. De hecho, el tema es tan interesante que posiblemente la próxima edición amplíe aún más su contenido.

En general, he optado por limitar el alcance del seminario y del libro. El seminario original tenía una duración de dos horas, que son suficientes para explicar los conceptos generales. La idea es que los asistentes salieran con una idea clara de qué es BPMN, para qué sirve y cuáles son los elementos básicos de un diagrama. Lo que yo pretendo con estos seminarios es alentar a que los asistentes empiecen a utilizarlo, al menos en una versión simplificada.

Si es tu caso, no quiero que al terminar de leer domines todos los aspectos de BPMN. Lo que quiero es que veas que hay una forma sencilla de documentar lo que haces, que puedas dar el paso de no documentar nada a empezar a reflejar algo por escrito. Porque si no eres capaz de hacer eso hay muchas cosas que van a quedar fuera de tu alcance, desde un formulismo como certificar tu negocio en una norma de calidad como ISO 9001 o EFQM hasta algo tan práctico como abrir una franquicia. Si no puedes explicar con claridad lo que haces, cuáles son las actividades más importantes de tu actividad y transmitirlas de una forma comprensible para que otros participen de ello, no podrás crecer.

Esa participación puede concretarse en los manuales de formación de empleados, el manual de calidad o en establecer un sistema de gestión del conocimiento (yo los hago con wikis) que permitan que cualquier persona de la empresa acceda a esos manuales y pueda hacer propuestas de mejora. Pero todo eso exige un lenguaje común para comprender lo que se describe en los manuales, que los manuales reflejen lo que querías decir, y no otra cosa, y que cuando alguien tenga una propuesta pueda hacerla de forma que todo el mundo entienda el alcance de lo que propone.

Espero que estás páginas te sirvan para empezar a usar BPMN y que, al terminar, te animes a utilizarlo a diario y seguir aprendiendo con alguno de los libros que te recomiendo al final. Vamos con ello...

Capítulo 1

Un ejemplo de BPMN

BPMN es un lenguaje que sirve para describir procesos de negocio. Puede que te parezca algo trivial, pero no lo es en absoluto, y para demostrártelo voy a empezar por pedirte que describas una actividad que haces de forma cotidiana. Vas a ver como no es tan sencillo.

Gestión por procesos

Casi todos los sistemas de gestión de proyectos y calidad están basados en procesos. "Proceso" es una palabra que se oye una y otra vez en estos entornos y provoca dos reacciones encontradas y opuestas. Para los auditores y formadores, los que nos dedicamos a esto de implantar sistemas de gestión, parece que es la solución a todos los problemas. Las empresas gestionadas por procesos funcionan mejor, son más eficientes y rentables, tienen un crecimiento más sencillo y eficiente. En definitiva, son mejores.

Por el contrario, para las personas que forman esas empresas "proceso" es sinónimo de "inconveniente" o, utilizando una expresión más popular, "marrón". Es decir, una ocurrencia que ha tenido uno de esos auditores o formadores, que va a consumir un montón de tiempo y esfuerzo, para aportar poco o ningún valor a la empresa

Los manuales de procesos, en especial los que se elaboran bajo la norma ISO 9001 y otras similares, tienen fama de ser un requisito obligatorio para obtener alguna certificación, pero completamente inútiles en el trabajo diario. ¿Por qué será entonces que ponemos tanto énfasis en que hay que definir los procesos cotidianos de trabajo y reflejarlos por escrito? ¿Es cierto eso de que las empresas orientadas a procesos son más eficaces?

El motivo por el que ponemos tanto énfasis en trabajar por procesos es para facilitar la comprensión de los negocios. Cada empresa, cada entorno de trabajo, son lugares únicos en los que un grupo de personas se afana por aplicar su esfuerzo en la producción de bienes y servicios útiles para sus clientes. En ese esfuerzo de transformación es en donde reside la riqueza que producen. Tratar de comprenderlos todos es una tarea imposible, especialmente si se intenta tener siempre una visión de conjunto de todo lo que se hace.

Pensemos en una empresa como McDonald's. ¿Qué es lo que hace? Hamburguesas. Vamos a utilizarlas bastante en los ejemplos de este cursillo, pero ¿es eso todo lo que hace? ¿Las hace todas de la misma forma? ¿No tiene departamentos de compra, de marketing, de publicidad, de recursos humanos? ¿No tienen cada uno de ellos una forma de trabajar particular?

Es fácil suponer que McDonald's es una empresa compleja, posiblemente con decenas de departamentos, sucursales y oficinas repartidas por todo el mundo. Tener una visión de conjunto de su trabajo diario es poco menos que imposible. Pero ese no es el verdadero problema, sino que todo ese trabajo debe transmitirse, una y otra vez, a todas las personas que entran a trabajar en la empresa. Peor, si la empresa quiere ser competitiva hay que estar buscando constantemente formas de optimizar y mejorar el rendimiento, de hacer las cosas de la forma más eficiente posible. ¿Cómo podríamos hacer esto? ¿Cómo ponemos límites a un proceso de formación diciendo "hasta aquí es tu responsabilidad" o cómo acotamos nuestros intentos por mejorar un cierto aspecto del funcionamiento de toda la empresa?

La respuesta es definiendo procesos, que no es más que tratar de identificar aquellas unidades de trabajo que se repiten una y otra vez. De esa forma no tenemos que intentar comprender TODO el trabajo de la empresa, o enseñar UNA PARTE del funcionamiento del restaurante, o mejorar UN POCO de lo que se hace cada día, sino que nos centramos en el proceso de pedido, en el proceso de reposición, en el proceso de facturación, etc.

Al caracterizar el trabajo en procesos facilitamos su comprensión y concentramos los esfuerzos en un solo punto de toda la complejidad organizativa de las empresas, sea cual sea su tamaño. Se otorga a Budha la frase: "no hay problema que, si lo descompongo en sus partes más pequeñas, no pueda resolver". La gestión por procesos consiste en descomponer el gran problema que es la gestión de cualquier empresa en sus partes más pequeñas, para poder afrontarlas, resolverlas y mejorarlas de una en una, de forma organizada.

Ahora que sabemos por qué merece la pena trabajar por procesos aparece un gran desafío: ¿cómo los documentamos? Si volvemos al inicio de esta introducción, verás que esa es precisamente una de las cosas que más dificultad supone: poner en limpio, en una hoja de papel, la esencia de cada proceso, con independencia de las costumbres, manías y peculiaridades de todas y cada una de las personas que los ejecutan.

Con este fin, con la intención de facilitar la documentación de procesos, hace algunos años apareció en el mercado el lenguaje BPMN, que es una forma de representar gráficamente cualquier tipo de proceso de negocio. El seminario que tienes en tus manos es una primera aproximación a este lenguaje para que, en un par de horas, seas capaz de comprender sus elementos básicos y empezar a documentar tus propios procesos de una forma ágil y eficaz.

¿Cómo pides una hamburguesa?

Vamos a empezar con un ejemplo sencillo, algo que hagas de forma habitual y nos permita centrarnos en el problema y no en los detalles de qué haces. Por ejemplo, ¿qué es lo que ocurre cuando entras en un restaurante de comida rápida y pides el típico menú de hamburguesa? ¿O de pizza?

Piensa que entras por la puerta del último local de este tipo en el que estuviste y que tienes que describir lo que ocurre desde el momento en que te acercas al mostrador y haces tu pedido. Lo importante de este ejercicio mental es que tienes explicar lo que ocurre a una persona que no va a estar contigo y que quizás nunca haya entrado en uno de estos restaurantes, por lo que no puedes asumir nada y tienes que explicar las cosas con claridad.

Posiblemente, lo primero que te venga a la cabeza sea explicar las cosas que haces paso a paso, como por ejemplo: "me acerco al mostrador, que es una barra alargada, me pongo en una cola, espero a que sea mi turno, miro el menú, elijo las cosas que me interesan, …" Esta forma de describir los procesos es la más común: enumeramos lo que ocurre como una secuencia de acciones en las que se hacen cosas: entrar, esperar, mirar, pedir, pagar, esperar o recoger, por poner algunos ejemplos.

Antes de seguir leyendo, piensa cómo harías tu para describir, por completo, todos los pasos que ocurren en el proceso que te propongo y cuenta los pasos que te salen. Posiblemente te sorprenda la cantidad de detalles en la que te has metido y, posiblemente, si vuelves a pensar de nuevo en ello se te ocurran muchos más que no has pensando en la primera ocasión.

Aun así, casi seguro que se te han olvidado algunas cosas bastantes importantes. Por ejemplo: ¿cuántas personas intervienen en el proceso? No me refiero al número, sino a las funciones que realizan. Empieza a contar: tú, que eres el cliente, la persona que te atiende, el de cocina, el supervisor… Bueno, parece que no son más que 3 o 4, tampoco es muy complicado.

Otra pregunta. ¿Cómo sabes que el proceso se ha terminado? Bueno, es evidente que la compra ha terminado cuando te entregan la bandeja o la bolsa con la comida que has pedido. Pero ¿es tan simple? ¿Es suficiente con que te hagan la entrega para que el proceso se dé por finalizado? ¿No compruebas su contenido?

Un pregunta más. ¿Cualquier persona que hiciese un pedido como el tuyo haría las cosas en el mismo orden, le atenderían igual? Puede que pienses que sí, pero piensa en un detalle. ¿Cuándo has decidido lo que ibas a pedir? Es decir, ¿cuándo has mirado la carta? Hay gente que no la mira, otros que sí, otros que preguntan. ¿Dónde indicarías todas estas condiciones y alternativas?

Una de las cosas más complicadas que podemos hacer es explicar algo cotidiano y sencillo, por la simple razón de que nuestro comportamiento está plagado de asunciones y circunstancias que damos por descontado. Cuando tratamos de explicar estas cosas a otra persona es cuando aparecen las dificultades, ya que no todo el mundo realiza su trabajo de la misma manera, en el mismo orden o con la misma experiencia.

Ponte ahora en la posición del dueño del restaurante, o del responsable del local, que tiene que formar una y otra vez a todos los empleados que, a lo largo de los años, van pasando por la empresa. Si quieres que los clientes reciban un trato más o menos predecible, todos tienen que realizar su trabajo de una forma muy parecida. De lo contrario no es el restaurante el que determina la forma en que atiende a sus clientes, sino el carácter y costumbres de cada empleado.

Vamos a ver un ejemplo de cómo documentar este proceso con BPMN.

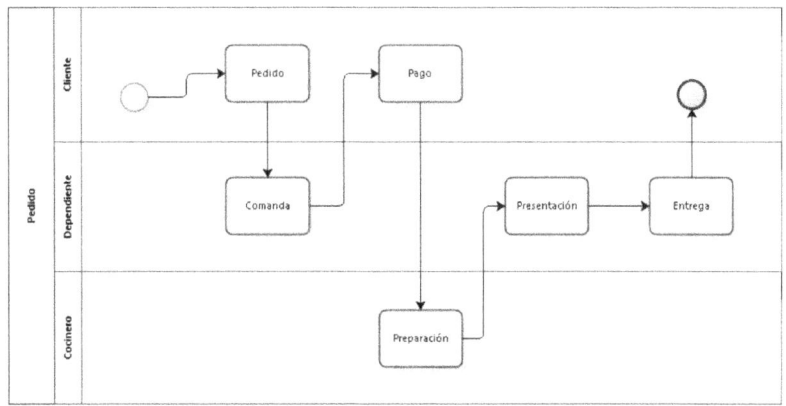

Nuestro primer diagrama de procesos

El diagrama que estás viendo es un proceso BPMN, que es un lenguaje para la descripción de procesos de negocio. Es bastante fácil de entender, incluso si no tienes conocimientos previos de este lenguaje gráfico. Vamos a verlo con un poco de detalle.

Como verás, el diagrama se divide en calles, cada una encabezada por una de las personas que intervienen en el proceso. He optado por una versión simplificada para no complicar las cosas. El objeto de este ejercicio no es discutir realmente cómo funciona una hamburguesería, sino tener un ejemplo en el que basarnos para reflexionar sobre cómo se explican los pasos de un proceso. Por tanto no te preocupes si crees que debería aparecer alguien más en este diagrama, como el jefe de sala. Es un ejemplo y nos sirve para entrar en contacto con BPMN.

Como te decía, las calles representan personas, aunque sería más preciso decir "roles", que son las responsabilidades que tienen cada uno de ellos. Volveremos sobre esto más adelante, porque es un concepto importante.

Hay tres roles en nuestro proceso: el cliente, que es quien pide el servicio, el dependiente, que es quien te atiende, toma nota, te cobra y prepara la entrega, y el cocinero, que es quien prepara la comida. Cada uno de ellos interviene de una forma distinta, que se indica por orden mediante esas cajas de esquinas redondeadas, que denominamos "tareas".

Una tarea es algún tipo de trabajo que produce un resultado. Y los resultados son cosas tangibles que puedes entregar en el siguiente paso del proceso. Un "pedido", por ejemplo, podría ser una nota en papel con todo lo que querías pedir. La "comanda" es la orden que recoge el dependiente en el punto de venta. Es parecido al pedido, ya que ambos son una lista de platos y bebidas que hay que preparar y servir. La diferencia es que la comanda está "validada"; es decir, el dependiente ha comprobado que disponen de esos platos en el menú, que se piden en las cantidades correctas y que se han aplicado las ofertas que en cada momento el restaurante quiere promocionar.

En casi todos los restaurantes de comida rápida te cobran antes de entregar el pedido, por lo que hay que hacer un "pago", que es una cantidad de dinero fija indicada en la comanda. Una vez cumplido este requisito, el cocinero recibe la comanda en firme y se pone a preparar los platos indicados en ella, poniéndolos a disposición del dependiente, que los suele recoger de unos mostradores inclinados, en los que se entregan las distintas hamburguesas, clasificadas por tipo y tamaño.

Sigue pensando en las veces que has ido al restaurante y piensa en lo que hace el dependiente en este momento: lo normal es que esté atento a esos mostradores, al mismo tiempo que va preparando cosas como las bebidas, las servilletas y las salsas, que va depositando en una bandeja o en una bolsa, en función de si has indicado que el pedido se consumirá en el mismo restaurante o es para llevar. Eso es la "presentación".

La "entrega" es el conjunto de todos los elementos de la comanda presentados. Pueden ser una o varias bandejas, una o varias bolsas, a veces en paquetes especiales, como los menús infantiles que van en cajas de cartón con pequeños juguetes promocionales.

En el momento en que recibes la entrega el proceso termina, ya que el objetivo era que consiguieras la comida. Este punto se representa con un punto rojo, de forma análoga al inicio, que está representado por un punto verde. En realidad estos dos puntos no difieren en el color, sino en que el inicio es un círculo normal, mientras que el final es un círculo con otro círculo concéntrico por fuera. Lo que pasa es que Bizagi, el desarrollador del software que vamos a utilizar en los ejemplos de este seminario, ha optado por representarlos de esta forma.

Ya está. Hemos descrito por completo el proceso de hacer un pedido en un restaurante de comida rápida. Míralo de nuevo y piensa si, en su conjunto, lo que tienes delante describe lo que pasa cada vez que tu participas en este proceso.

En resumen...

El motivo de que los consultores de calidad y gestión hagamos tanto énfasis en la orientación a procesos es porque esta aproximación permite dividir la gestión de un grupo de trabajo o una empresa en unidades de esfuerzo que se repiten una y otra vez.

Por un lado, esto permite reducir la complejidad del problema que tenemos delante y abordar cualquier empresa con ciertas garantías de éxito, sea cual sea su tamaño, volumen de facturación o ámbito de actividad. Ya sea que nos dediquemos a fabricar botas, preparar comida, elaborar informes o transportar cajas, todas las actividades pueden reducirse a procesos.

Por otro lado, la definición de procesos permite observar la actividad que se realiza una y otra vez, con el fin de detectar fallos, malas y buenas prácticas y las causas de cualquier problema. El objetivo es mejorar el proceso, detectar aquellos puntos en los que puede realizarse una mejora e incrementar la productividad y eficiencia.

Pero lo más importante de todo es que la orientación a procesos simplifica la comunicación entre el personal que interviene en ellos y su formación. Pero para conseguir este objetivo hay que encontrar una manera de documentar y transmitir los procesos de forma que todo el mundo pueda entenderlos y hacer aportaciones para su mejora continua.

En este punto es en el que una norma de documentación, como BPMN, puede ser de gran utilidad. En el siguiente capítulo vamos a ver algunos conceptos generales que conviene aclarar y los desafíos que plantea la comunicación de procesos.

Capítulo 2

Retos en la comunicación de procesos

Cuando se trata de implantar un sistema de gestión por procesos, uno de los problemas más importantes es conseguir que la gente comparta y explique lo que hace. No se trata sólo de que haya personas que se nieguen a compartir el conocimiento, que las hay, sino que incluso las que no tienen ese reparo encuentran dificultades en explicar lo que hacen habitualmente.

En el episodio "Pie vs Pie" de la serie Restaurant Startup, en la que pequeños empresarios optan a que dos restauradores de éxito financien la ampliación de sus negocios, un pastelero perdió cientos de miles de dólares para su nuevo restaurante por que no sabía explicar cómo tenían que prepararse sus recetas. Preguntado por qué cantidad de este o aquel ingrediente había que añadir, sólo sabía responder "una pizca", "un puñado" y generalidades por el estilo.

Todo el mundo reconocía su habilidad en repostería e incluso los presentadores del programa alababan la calidad de sus recetas. El problema es que era incapaz de delegar. Tenía que hacerlo él todo, tanto porque no sabía trabajar en equipo como porque tampoco podía explicar cómo hacía las cosas.

Este problema es común a muchos pequeños negocios creados por un emprendedor que tiene cierta habilidad o competencia técnica. Este emprendedor es capaz de ganarse la vida como autónomo porque sabe cómo hacer su trabajo y gestionarse a sí mismo no requiere dotes de comunicación o coordinación. Pero este tipo de negocios tienen un límite clarísimo nada más empezar, que es la capacidad de trabajo de su creador. Un autónomo sólo puede trabajar algunas horas al día. Luego tiene que dormir, descansar, comer, asearse... Además, está sometido a contratiempos como enfermedades o la saturación de trabajo. Si quiere crecer, es necesario que delegue y aprenda a trabajar en equipo.

A veces esta situación afecta a un grupo de personas que han trabajado juntas durante mucho tiempo, como puede ser una empresa familiar o un equipo de trabajo estable. Terminan por desarrollar manías, costumbres y mensajes subliminales de los que a menudo no son conscientes, pero que están ahí y que terminan por formar un "cuerpo de conocimiento" que son incapaces de transmitir.

Lo mismo ocurre en un entorno de oficina, en el que un programador, por ejemplo, puede alcanzar cierto éxito por sus habilidades pero tiene un techo de crecimiento exactamente igual que el autónomo. De hecho, podemos considerar que los dos personajes son variantes de la misma situación que acabo de describir: un negocio basado en la habilidad individual de una persona.

Si la empresa para la que trabaja ese programador no es capaz de aprovechar la experiencia, convirtiendo cada proyecto y cada lección aprendida en parte de su conocimiento acumulado, la empresa no podrá crecer. Se hará dependiente de ese empleado y el día que falte tendrá problemas de continuidad.

Podría parecer que este tipo de trabajadores tienen una ventaja, ya que convierten a las empresas en las que trabajan en clientes cautivos. Si este es el caso, ya no hay que esforzarse más en demostrar que no conviene mantenerlo en su puesto. Pero es que no es ninguna ventaja, más bien es algo que va en contra suya. Al ser la única persona capaz de resolver los problemas que él mismo crea, como por ejemplo actualizar un bloque de código que sólo él entiende, está creando un cuello de botella del que será la primera víctima. En un momento dado el trabajo empezará a acumularse a su alrededor y la seguridad que parecía proporcionarle ese control se convertirá en estrés.

Por tanto, tanto el éxito de una empresa como el de las personas que la componen depende de su capacidad de compartir información, de entenderse y de ser capaces de colaborar en hacer mejoras continuas en el trabajo diario. Por eso es por lo que no vale la réplica, que escucho muy a menudo, de que "no pasa nada porque yo me entero de lo que hago". Eso no sirve para nada. Si sólo te enteras tu, no podrás ponerte nunca malo y terminarás por estrangular el negocio, para perjuicio tuyo y de la empresa.

Comunicarse es fundamental, lo que empieza por adquirir un vocabulario común que nos indique qué es cada cosa. Asegurarnos de que llamamos de la misma forma a los mismos conceptos.

¿Qué es un proceso?

El primer concepto que debemos tener claro es "proceso". Un proceso es una secuencia de eventos que se producen de acuerdo a un plan preestablecido y que generan un resultado predecible. Mucho cuidado que no he dicho que sea una secuencia de acciones, sino de eventos. Incluso podríamos afinar un poco más y decir "resultados intermedios". ¿A qué viene este interés por precisar la definición?

Cuando tratamos de explicar el trabajo que hacemos, lo normal es exponerlo como una secuencia de acciones. Si te acuerdas del ejemplo del pedido en la hamburguesería, el primer impulso es narrar lo que vamos haciendo: entrar, mirar, pedir, anotar, pagar, etc. Ese tipo de descripciones reflejan literalmente lo que vamos haciendo, pero esa secuencia, precisamente por ser tan detallada, es difícil que refleje lo que cualquiera podría hacer en la misma situación. Como te decía en la introducción, hay personas que miran la carta antes de pedir varias veces, mientras otras no tienen ninguna necesidad porque ya la conocen.

Si nos ponemos a pensar en la preparación de la comida, habrá cocineros que pongan el ketchup de la hamburguesa haciendo una espiral en el pan, mientras que otros soltarán tres o cuatro goterones. Todas estas variaciones pueden suponer una gran diferencia entre la forma que tienen dos personas dadas de pedir o preparar una hamburguesa.

Pensemos en un ejemplo más sencillo y tradicional, como puede ser la elaboración de una tortilla de patatas o una pizza. Los ingredientes de la pizza margarita son conocidos por todo el mundo: masa de pan, tomate, queso rallado y jamón cocido en pequeños trozos. Lo mismo cabe decir de una tortilla de patatas: huevo, sal y patatas. Y no, la tortilla de patatas de verdad no tiene cebolla ;-)

Bien, todos estamos de acuerdo en que la receta de la pizza margarita o de la tortilla de patatas no es la fórmula de la Coca-Cola, una combinación secreta de ingredientes guardada en una caja fuerte, que sólo conocen 3 o 4 personas en el mundo. Sin embargo, aunque los ingredientes son de dominio público y los pasos para hacer una tortilla son clarísimos, la tortilla que hace mi madre no tiene nada que ver con la que hago yo o la que me ponen en la cafetería de la esquina. ¿Por qué?

Los pasos para hacer una tortilla son unos pocos muy claros: pelar las patatas, cortarlas, freírlas, batir los huevos, añadir sal, mezclar todo en una pasta, verter en una sartén, cuajar a fuego lento, dar la vuelta y servir. Lo que pasa es que mi madre corta las patatas en rodajas muy finas, que crujen un poco al freír, mientras que en la cafetería he visto que las hacen más gordas y quedan casi cocidas, no fritas. Mi madre no le ponía cebolla, mientras que un amigo le pone un poco muy picado y en la cafetería casi son filetes de cebolla.

Todos esos detalles son los que marcan la diferencia entre la tortilla de mi madre y la de la cafetería y lo que hace que, aunque en teoría hemos dado los mismos pasos, el resultado puede ser muy distinto. Bien, veamos. Aunque haya esas diferencias, ¿podemos estar de acuerdo en que todas las tortillas de patatas tienen unas características comunes que hacen que podamos llamarlas tortilla de patatas? No me refiero a que estén más o menos buenas; eso es un problema de calidad, no de producción. Lo que pregunto es si todas las "cosas" que tengan huevo, sal y patata, preparadas en un cierto orden, pueden llamarse "tortilla de patatas". Si es así, hemos definido el resultado de un proceso.

Los pasos del proceso no son la secuencia de acciones de mi madre o la mía, sino lo que es común a todos los procesos de preparación de la tortilla. Aquellos que todos tenemos que hacer para que resultado se ajuste a lo que hemos indicado al principio.

Lo que hace mi madre, el cocinero de la cafetería y cualquier otra persona, es un "procedimiento técnico". Es decir, todas y cada una de las formas concretas en las que puede ejecutarse el proceso de preparar una tortilla. Teniendo en cuenta estas diferencias, te sugiero que vayas pensando en cómo harías la documentación de este proceso, porque es un ejercicio que veremos en seguida.

Orígenes de BPMN

Si quisieras explicar cómo se hace una tortilla, una pizza, una hamburguesa, cómo se rellena un formulario de impuestos o cualquier otra tarea que se te ocurra, el método más habitual es explicarlo paso a paso mediante un texto. Cuanto más complejo es el proceso, más largo será, de forma que es posible que lleguemos a tener decenas y decenas de páginas de texto pesado y detallista en las que el autor trata de cubrir todas y cada una de las eventualidades.

Eso es normalmente lo que vas a encontrar en los manuales de procesos de cualquier empresa y es, precisamente, lo contrario de lo que hay que hacer. La burocracia, el conjunto de documentos que sirven para que una empresa funcione, debe existir, pero no debe ser más de la necesaria para que funcione de manera eficiente. Un exceso de burocracia genera rechazo en aquellos que deben ponerla en práctica y, a menudo, que la omitan por completo, haciendo que todos los esfuerzos de organización se pierdan.

Es algo lógico, porque un manual de procesos debería ayudar a la gente a hacer su trabajo y no entorpecerla. Si cada vez que quiero consultar cómo se hace una tarea me encuentro con catorce páginas de texto enrevesado y detallista, terminaré por no leerlo y optar por otras soluciones, como preguntar a un compañero o inventarme una manera de resolver el trabajo.

Aun así, la casi totalidad de las empresas se empeñan en definir plantillas de procesos terriblemente detallistas y pesadas, con portadilla, introducción, versión, historia, preámbulo, resumen, desarrollo, apéndices y notas al margen. El paradigma de este tipo de documentos es el "TPS Report", un documento ficticio que en la película "Office Space" de 1999 servía para que, uno tras otro, todos los jefes y compañeros de trabajo del protagonista le insistieran en que habían cambiado el color de la cubierta y que le mandarían de nuevo el memorándum interno en el que se explicaba el cambio. Las normas de documentación suelen ser así, cuando deberían ser otra cosa.

La documentación de un proceso debería ser un documento breve. Si es de una sola página, mejor. Debería servir para que cualquiera comprendiese el proceso a la primera, con poco esfuerzo por su parte y de una manera clara y concisa. La mejor forma de cumplir con todos estos requisitos es mediante un diagrama. Por desgracia (y para sorpresa mía cuando estudiaba estas cosas por primera vez) durante décadas no ha habido ninguna norma oficial de documentación de procesos con diagramas. Ninguna.

Lo más parecido son los diagramas de flujo, o "flowcharts". Muchas aplicaciones, como Microsoft Visio o SmartDraw, incluyen un juego de iconos para hacer diagramas de flujo. Lo que pasa es que el significado de esos símbolos no es universal ni está basado en ninguna norma de referencia. Las únicas referencias que hay son los trabajos que, en 1921, Frank Gilbert realizó para la American Society of Mechanical Engineers. Aún puedes encontrar el trabajo en Internet, y al final se incluye un enlace por si quieres echarle un vistazo, aunque verás que no se parece en nada a lo que estás acostumbrado. El siguiente esfuerzo por crear un sistema gráfico de documentación de procesos pertenece a Herman Goldstine y John von Neumann, uno de los "padres" de la informática moderna, que desarrollaron un conjunto de símbolos para diagramar algoritmos de software en los años 50 del S.XX.

Al margen de esto, hay que esperar a que en 1995 Ivar Jacobson, James Rumbaugh y Grady Booch presentaran el Lenguaje Unificado de Modelado (UML), que incluía un Diagrama de Casos de Uso para tener algo parecido a un modelado de procesos. En concreto, la intención de este diagrama era recoger los requisitos del usuario al diseñar aplicaciones de software.

El problema es que UML es un lenguaje muy técnico y limitado, pensado para explicar cómo funciona un programa informático y no los procesos de negocio de una empresa. Por eso el mismo organismo que controla UML, el Object Management Group, presentó en 2005 la Notación y Modelo de Procesos de Negocio (BPMN), o "Business Process Model and Notation", que es (ahora sí) la primera norma de ámbito internacional que intenta unificar y dar solución al problema de documentar procesos de forma gráfica, clara y sencilla.

BPMN ha tenido una gran aceptación y en la actualidad se usa en numerosos ámbitos profesionales, no solo en el desarrollo de software, hasta el punto de que en 2013 adquirió la condición de norma ISO, con la denominación ISO/IEC 19510:2013. Estamos, por tanto, ante una norma internacional de gran utilidad, que puedes usar sin riesgo en el diseño de tus procesos.

En resumen...

A la hora de documentar procesos es importante que hagamos un esfuerzo porque el documento resultante sea fácil de entender por todo el mundo y no sólo por el que lo escribe. El objetivo es compartir conocimientos para que todos los que participan puedan aprender con facilidad y aportar sus propuestas en un ciclo de mejora continua. Para ello hemos aclarado algunos conceptos:

* Un proceso es una descripción abstracta de la secuencia de eventos que nos permiten alcanzar un resultado previsto con anterioridad. Los procesos están definidos antes de empezarlos y siempre producen el mismo resultado.

* Un procedimiento técnico es cada una de las formas en que podemos ejecutar un proceso. La receta de la tortilla de patatas (proceso) es universal pero, dependiendo de la forma (procedimiento) en que lo llevemos a cabo, el resultado será la deliciosa tortilla de mi madre o la masa quemada por fuera y cruda por dentro que me sirven en algunas cafeterías.

* La forma ideal de documentar un proceso es mediante un diagrama, apoyado por una breve explicación en texto de sus elementos fundamentales. Lo curioso es que, hasta que apareció BPMN, no había ninguna norma de referencia para realizar esta tarea.

A continuación, vamos a estudiar los elementos fundamentales de BPMN y cómo se combinan para documentar un proceso de negocio.

Capítulo 3

Elementos de BPMN

En el primer capítulo vimos un ejemplo sencillo de BPMN y en el segundo hemos profundizado en las razones por las que es necesario aprender a documentar y compartir los procesos de forma clara, siendo éste lenguaje una solución normalizada y universal para esa tarea. En éste vamos a ver con un poco más de detalles los componentes del lenguaje y algunas reglas de utilización para elaborar diagramas.

Actividades

Un diagrama BPMN está compuesto fundamentalmente de una secuencia de tareas (tasks). Si te acuerdas de la definición de proceso que dábamos al principio, un proceso es una secuencia de eventos o actividades relacionadas y predefinidas, que producen un resultado predecible. Esas actividades son tareas, que a su vez podemos definir como la unidad mínima de esfuerzo que produce un resultado completo.

¿Qué es eso de un resultado "completo"? Piensa en una mesa. La mesa acabada, pulida y barnizada es el resultado del proceso "Fabricación de mesa". Pero hacer una mesa puede llevarnos unas cuantas horas, es posible que tengan que colaborar varias personas en su fabricación, que atraviese varias etapas y que requiera unos parámetros de calidad concretos, para que la mesa resultante merezca la pena y podamos venderla. Es decir, es conveniente definir un proceso para que todas las mesas sean razonablemente iguales.

¿Hay alguna forma de descomponer la fabricación de la mesa en tareas más sencillas que podamos asignar a los componentes de un equipo de trabajo? La respuesta es fácil, ya que una mesa se puede descomponer de forma intuitiva en el tablero y sus patas. Si el tablero tiene unas dimensiones concretas y las perforaciones adecuadas para insertar las patas, podemos considerar que es un tablero "acabado y listo para su ensamblaje". Es, por tanto, un elemento de la mesa "completo". Un tablero al que sólo le hubiesen hecho dos de los cuatro agujeros necesarios para insertar todas las patas, no estaría terminado; sería un tablero incompleto. Un tablero terminado es una mesa incompleta (le faltan patas y otros detalles), pero como tablero no hay nada más que hacer en él. Está "completo".

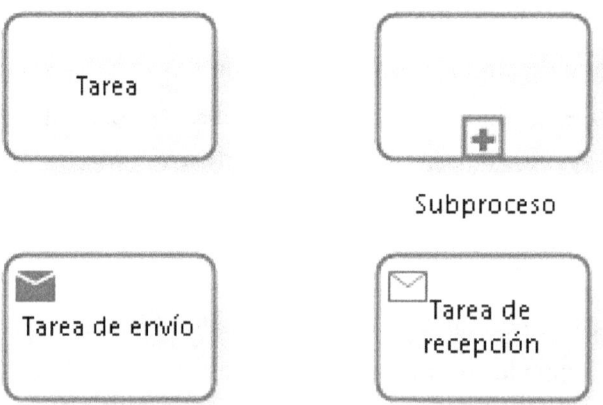

Por tanto, una tarea es cada una de esas cosas en las que podemos dividir un proceso que, en sí mismas, son resultados completos. En BPMN se representan con un rectángulo con las esquinas ligeramente redondeadas y constituye la unidad universal de trabajo.

En BPMN hay muchos tipos de tareas. Ese rectángulo genérico representa cualquier tipo de actividad, pero en ocasiones puede que interese especificar que se trata de una tarea manual, de envío o recepción de documentación, de servicio, etc. El conjunto de todos los tipos de tareas que podemos usar en un diagrama forma las "actividades" de BPMN.

El subproceso es un tipo de actividad que esconde la complejidad de una nueva secuencia de tareas; es decir, representa un proceso dentro del proceso que estamos diseñando. Se representa con el mismo rectángulo de esquinas redondeadas que la tarea, pero se distingue de ésta en que tiene un pequeño cuadrado con una cruz en el centro de su parte inferior.

Un subproceso es algo así como un enlace simbólico a otro diagrama de BPMN. Hay ocasiones en que si nos ponemos a explicar parte de un proceso tendríamos que perdernos en detalles innecesarios, que no aportan nada al proceso actual o que se repite una y otra vez en varios procesos. Por ejemplo, si tratamos de describir todos los procesos que pueden realizarse con una aplicación de reserva de billetes de avión en Internet, tendríamos varios escenarios: comprar billete, cambiar billete, anular billete, consultar billete, etc. Todos estos escenarios, que habrá que desarrollar en sus procesos respectivos, tienen un paso en común: al entrar en el sistema hay que obtener una autorización, basada en un nombre de usuario y una contraseña, para poder seguir adelante. ¿Qué te parecería que cada uno de los diagramas incluyese, una y otra vez, todos los pasos de la identificación del usuario?

Sería una pérdida de tiempo, complicaría el diagrama innecesariamente y haría perder tiempo tanto al autor como al lector. Por eso representamos esa parte mediante un subproceso, que nos está diciendo "esto te lleva a otro proceso, que se desarrolla en su propio diagrama".

Hay que tener cuidado de no abusar de los subprocesos, ya que podemos complicar el diagrama más de lo necesario con continuos saltos a otros diagramas, sin que el que estamos haciendo termine por aclarar gran cosa. El truco está en pensar en "entregables" antes que en "acciones". No pienses en qué pasos tienes que dar para hacer algo, sino en qué tienes que entregar al final del proceso, recordando, como decía un poco más arriba, que lo que sea que hagas tiene que terminar siendo algo completo y terminado, como el tablero o las patas. Quizás no el producto final completo, pero sí algo que tenga sentido en sí mismo. Cada vez que tengas la tentación de poner un subproceso pregúntate si eso que estás poniendo puede definirse como un proceso que entrega un "cacho" de todo lo que hay que hacer completo y terminado. Si es así, el subproceso es válido; si no es así, tendrás problemas a la hora de establecer límites entre qué pertenece al proceso actual y qué a los distintos subprocesos en que lo has dividido.

Igual que hay varios tipos de tareas, hay varios tipos de subprocesos, como pueden ser: bucles, repeticiones, ad hoc y compensaciones. Pero para el nivel de esta introducción es suficiente con que manejes los dos símbolos básicos: tarea y subproceso. En realidad todos los demás son particularidades de estos dos y, para empezar, es mejor que no compliquemos más los diseños.

Eventos

Junto a las actividades, los eventos (events) son los elementos fundamentales de un diagrama BPMN. Los eventos representan cosas que "pasan" en el transcurso del proceso. No forman parte de la actividad que hay que realizar, sino que es "lo que ocurre durante la ejecución del proceso". Por ejemplo, durante la elaboración de una pizza puede sonar un reloj de cocina que hemos ajustado para que cuente el tiempo justo de cocción. La alarma no forma parte del trabajo del pizzero, pero es un evento exterior que influye en lo que hace. Por eso es necesario reflejar de alguna forma que el reloj ha sonado y que en ese momento hay que sacar la pizza del horno para dar pie al siguiente paso.

Evento inicial	Evento intermedio	Evento final
Evento temporizado	Evento de mensajería	Evento de señalización

Los eventos se representan en general mediante un círculo, con pequeñas variantes para indicar el tipo de evento al que nos referimos. Los tres tipos más habituales son el evento de inicio de proceso, el de finalización y el intermedio. Suena muy simple, pero es que la norma tampoco tiene por qué complicarse en exceso. No obstante, para los que quieran complicaciones, tranquilos que hay unos 60 tipos de eventos especializados una vez que comprendas las reglas básicas de BPMN. Por ahora, te recomiendo que te quedes con los tres que te he indicado.

Empecemos por el principio y veamos el evento de inicio de proceso. Los procesos empiezan en algún momento por una circunstancia externa. Puede ser que entra un cliente por la tienda del local, que suena una alarma, que llega una notificación a la oficina o que ha terminado un proceso anterior. Ese instante se refleja en el diagrama mediante un círculo simple.

Más que un instante en el tiempo, lo que representa ese círculo son las condiciones que "disparan" la ejecución del proceso. En el ejemplo del pedido en la hamburguesería, todo el proceso empieza en el momento en que entras en el local y te acercas al mostrador. Cuando uno de los empleados que atienden al público se percata de tu presencia y se confirma que quieres hacer un pedido, decimos que se "dispara" el proceso. Por tanto el evento de inicio refleja las condiciones que tienen que darse para que se ejecute el proceso de negocio definido en el diagrama.

Los diagramas BPMN suelen ir acompañados de un documento escrito en el que se describen todos los elementos del proceso, por lo que el sitio adecuado para indicar esas condiciones es ese documento. En el diagrama es suficiente con decir "aquí empieza todo".

En el extremo opuesto encontramos el evento de finalización de proceso, que se representa mediante un círculo rodeado de otro círculo concéntrico. De nuevo, no se trata de un instante en el tiempo, sino de las circunstancias que tienen que darse para que consideremos que el proceso ha finalizado de forma satisfactoria.

Es decir, no es que llegados a ese punto podamos dejar los trastos tirados en la mesa de trabajo y decir "ya he terminado, ahí queda eso". No. Durante el proceso hemos ido elaborando un resultado que hay que entregar al cliente; puede ser un formulario, una comida preparada, un informe de asesoría, un plan de viajes… lo que sea, pero es algo que tenemos que entregar y que debe cumplir unos requisitos definidos al principio. El evento de finalización es el momento en que alguien, el responsable del proceso, examina el resultado de todo el trabajo y comprueba que se ajusta a esos requisitos especificados al principio.

Aplicado a nuestro pedido en la hamburguesería, al final del proceso hay un empleado que coge el ticket del pedido y lo coteja con el contenido de la bandeja, verificando que todo está en su sitio, en las cantidades exactas y a la temperatura indicada. Te sorprenderías, pero en muchas cadenas de comida rápida hay indicaciones muy estrictas de la temperatura a la que deben servirse los platos. Si alguno no cumple las guías de trabajo de la empresa, el plato vuelve para atrás y el proceso no se da por finalizado hasta que no se subsana el error.

El último tipo de evento es el intermedio, que se representa mediante un círculo rodeado de otro círculo concéntrico, pero en esta ocasión ese círculo exterior es punteado, lo que quiere decir que no "interrumpe" el flujo de ejecución del proceso. Los eventos intermedios son cosas que ocurren durante el proceso. Puede ser que llega un aviso (evento de mensajería), que suena una alarma (mensaje temporizado) o que llega una señal al trabajado (mensaje de señalización), como podría ser un aviso de limitación de velocidad en la carretera mientras ejecutamos el proceso de transportar mercancías de un punto a otro.

Los eventos de inicio y finalización de proceso son imprescindibles, ya que indican con claridad al lector por dónde empieza y termina el flujo de ejecución. Los eventos intermedios son optativos y mi sugerencia es que no los uses hasta que no tengas soltura con el diseño de procesos básicos.

Como norma general, los procesos tienen un solo inicio y un sólo final. Ya sé que podríamos buscar ejemplos en los que pudiera haber varias circunstancias que impliquen el arranque del proceso y varias situaciones finales, pero estamos empezando a tantear BPMN y tenemos que tratar de reducir la complejidad de los diseños hasta que tengamos más soltura. Si hay más de una condición de inicio, simplemente se reúnen todas en un solo evento, ya que hay una sola persona que es responsable de iniciar el proceso. Lo mismo se puede decir del evento final, ya que hay una sola persona responsable de validar el entregable. Por cierto, un proceso abortado no ha terminado. Simplemente, su ejecución se ha interrumpido en algún punto y eso no se refleja en el diagrama. Las anomalías no forman parte del proceso.

Conexiones

Acabamos de ver todos los objetos que puede haber en un diagrama: actividades, eventos y puertas. El segundo elemento que encontramos en un diagrama BPMN es la conexión. Una conexión establece la relación que hay entre esos objetos, como la secuencia de ejecución que siguen las tareas de un proceso.

Igual que pasaba con las actividades, hay un grupo reducido de conectores genéricos que sirven para casi todos los escenarios, aunque también podemos encontrar conectores específicos que representan mensajes muy concretos.

El conector más habitual es la secuencia, que se representa mediante una flecha. Una secuencia indica, mediante la posición de la flecha, el sentido de ejecución de las tareas, de forma que no hay duda sobre el orden en que hay que realizarlas. Si echas un vistazo al primer diagrama que hicimos, el del pedido en la hamburguesería, verás que hay flechas uniendo todos los elementos del diagrama, desde ese punto gordo del principio hasta el final, pasando por todas las tareas intermedias.

Aparte de la secuencia genérica, es posible utilizar símbolos más específicos, por ejemplo, para indicar una secuencia opcional, si es que hubiera varios cursos de acción, una secuencia predeterminada, si hay un camino con prioridad sobre otros, o una secuencia condicional, si es que hay un criterio de ejecución al inicio de un camino determinado. Igual que pasaba con las tareas, aquí te las he mencionado para que sepas que existen, pero en tus primeros pasos con BPMN te recomiendo que simplifiques las cosas con los objetos más genéricos. Una vez que vayas cogiendo práctica y soltura, será el momento de ser más específico con lo que quieres indicar en los diagramas.

El segundo tipo de conector que podemos usar es la asociación, que se representa mediante una línea punteada. Una asociación no indica flujo de ejecución, sino tan sólo que hay algún tipo de relación entre los objetos vinculados. Por ejemplo, un poco más adelante veremos que es posible incluir notas en los diagramas, que pueden servir para aclarar algo sobre una actividad o una condición. En ese momento es útil dejar claro a qué objeto se refiere la nota, por lo que los uniremos con una asociación. De esa forma evitamos tener objetos flotando por el diagrama sin que sepamos dónde encaja en el proceso.

El tercer y último tipo de conector es el mensaje, que se representa mediante una línea discontinua con dos terminaciones, un pequeño círculo en el origen y una flecha en el destino. Un mensaje no indica flujo de actividad, sino el sentido de transmisión de la información en el proceso. El control de la actividad sigue en la tarea inicial, que dará paso a otro mediante una línea de actividad, pero puede ser necesario decir a dónde se transmite el resultado de la información generada.

Piensa, por ejemplo, en el proceso de reserva de una habitación de hotel a través de un sitio Web. Tras realizar todos los pasos en los que has indicado la fecha de llegada y salida, la categoría de hotel que buscas y las opciones de comida y alojamiento, llega el momento de hacer el pago, para tener una reserva firme. Pero ¿Cómo sabe el hotel que existe? ¿Cómo puedes demostrar al llegar a la recepción que dicha reserva existe? Cuando el servidor de reservas confirma el pago, es necesario que envíe al menos dos mensajes: uno al comprador, con la confirmación del pago, y otro al hotel, con los datos de la reserva. Esas dos notificaciones no suponen un cambio en el flujo de actividad del proceso, porque sigue siendo el servidor el que lo hace todo, pero sí hay que indicar la transmisión de información, a menudo en forma de correo electrónico. Es cierto que el hotel puede llevar adelante sus propias acciones de preparación de la habitación o su propia confirmación al cliente, pero estamos hablando de subprocesos independientes del primero, que se reflejarán en su propio diagrama.

Puertas

A veces ocurre que durante la ejecución de un proceso hay situaciones que exigen tomar una decisión y, en función de la misma, seguir una u otra vía. O puede ocurrir que haya que hacer dos cosas al mismo tiempo, asignándolas a distintos miembros del equipo de trabajo o esperando a que un sistema externo nos devuelva un resultado.

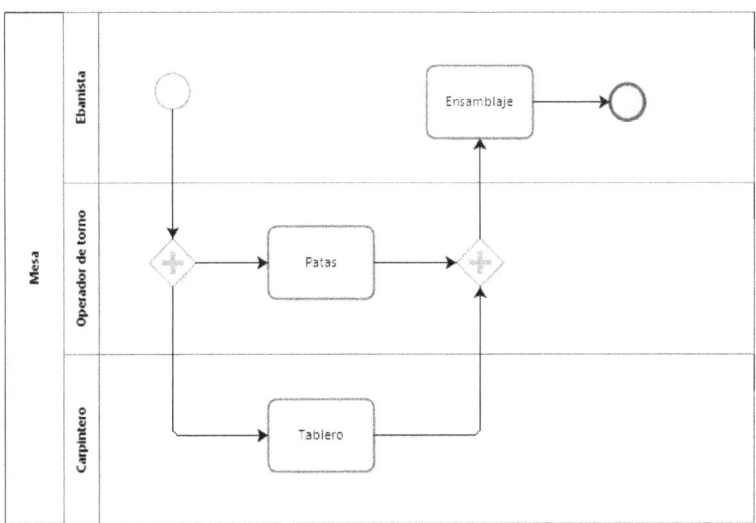

Vamos a retomar el ejemplo de la mesa que te puse al principio para comprender la idea de dividir un entregable en resultados parciales. Tenemos que fabricar una mesa, lo que implica preparar un tablero por un lado y cuatro patas por otro. El tablero es una pieza grande que requiere bastante trabajo de rebaje, biselado y lijado, mientras que las patas, aunque son más, son relativamente fáciles de preparar porque se hacen con un torno y una plantilla de referencia. Si no sabes cómo funciona un torno de ebanista, busca algún vídeo por Internet, porque ver cómo va tomando forma la madera es un espectáculo hipnótico.

Lo importante de nuestro ejemplo es que las dos tareas se podrían hacer en paralelo. Podríamos encargar a alguien que preparase el tablero y a una segunda persona que hiciese las patas, teniendo en cuenta las diferencias entre uno y otro trabajo, es posible que llevasen el mismo tiempo, por lo que al final ambas tareas convergerían en un mismo instante en el que se podrían ensamblar las partes para montar la mesa completa. Esta circunstancia se puede reflejar mediante puertas (gates), que se representan con un rombo, como puedes ver en el diagrama de ejemplo.

Hay varios tipos de puertas, igual que ocurría con actividades y eventos, pero por ahora vamos a quedarnos con dos de las más útiles: la puerta normal, un rombo sin ningún símbolo en su interior, que representa condiciones en las que hay que tomar una alternativa entre varias opciones. La puerta paralela, con una cruz en su interior, representa situaciones en las que el flujo de ejecución se divide momentáneamente en dos o más vías independientes que se ejecutan en paralelo hasta que vuelven a converger en otro punto.

El problema con las puertas es que hay una tendencia natural en los primeros diagramas a poner un exceso de condiciones. Esto es algo que complica el diseño de procesos. De hecho, da tantos problemas que he preferido dedicarle un apartado completo un poco más adelante. Por ahora, es suficiente que sepas que existe este tipo de objeto, las puertas, y que sirven para indicar sendas alternativas de ejecución en el flujo del proceso.

Canales

Hasta ahora hemos visto elementos dispersos de BPMN: actividades, eventos, puertas y conexiones, que definen un flujo de actividad. Para dar coherencia a este flujo vamos a usar un nuevo elemento llamado "canal" (swimlane), que puede ser de dos tipos: calles (lanes) y agrupaciones (pools).

Tanto las calles como las agrupaciones representan lo mismo: entidades que intervienen en el proceso, que pueden ser genéricas (departamentos, organismos o equipos) o concretas (personas y roles individuales). La diferencia es que las agrupaciones son eso: agrupaciones de calles.

Es importante que, cuando diseñes un proceso, intentes hacerlo siempre de la forma más abstracta posible. Si describes la forma en que pides una hamburguesa, no identifiques la calle en donde pones las tareas como "yo", sino como "cliente". Es decir, intenta diseñar el proceso de forma que se ajuste a "cualquiera que pudiera ponerse en mi mismo papel", o en el mismo papel que la persona que interviene en el ejemplo que te sirve de referencia para documentar el proceso. De esta forma conseguimos hacer procesos genéricos, que no requieren ajustes continuos cada vez que lo ejecuta una persona diferente.

Diseñar para roles implica centrarse en las competencias y habilidades que tiene esa persona genérica, en lugar de "lo que yo hago habitualmente". Si queremos diseñar el proceso de compra de material en una oficina, no hay que describir lo que hace ahora mismo Belén, que es quien hace las compras de papelería desde hace años, sino "lo que haría cualquier persona en el puesto de Belén", que implica reflexionar sobre las competencias, conocimientos y formación académica que ha tenido que adquirir Belén para poder hacer su trabajo.

En este punto suelen preguntarme en todos los cursos si las tareas se ponen en la calle de la persona que las realiza o de la que recibe el resultado de esa tarea. La respuesta es que ni una ni otra. Las tareas se ponen en la calle de quien es responsable de la ejecución de la tarea, lo que en realidad quiere decir que la ponemos en la calle de quien es responsable de verificar el resultado. Esto también resuelve el problema de qué ocurre cuando una tarea implica a varias personas. Vamos a tratar de resolver ambos escenarios con un solo ejemplo.

Abandonemos la hamburguesería por un momento y vayamos mentalmente a un restaurante un poco más grande; no hace falta que sea de lujo, es suficiente con que sea uno de esos en los que un jefe de cocina recibe las comandas y tiene un equipo de cocineros a su cargo. El proceso normal es que el camarero coja el pedido de una mesa y lo transfiera a la cocina, donde el jefe de cocina lo recibe, lo valora y asigna la preparación de los platos a su equipo de acuerdo a los criterios que considere convenientes. Al cabo de un plazo de tiempo, cada uno de los platos llega a la zona de entrega, que suele ser una mesa caliente con unas lámparas infrarrojas, que impiden que la comida se enfríe mientras llega el momento de servirla. Bien, lo importante es que en un proceso bien definido el camarero no recoge los platos automáticamente, sino que es el jefe de cocina el que comprueba el estado de los platos que llegan a la zona de entrega, verifica que su preparación y presentación son conformes a las normas del establecimiento y da vía libre a los camareros para que los sirvan en las mesas. La única persona que debe aparecer en todo el proceso es el jefe de cocina, que es el responsable de la realización de la tarea.

Que haga su trabajo por si mismo o que recurra a seis cocineros es irrelevante. Desde el punto de vista del restaurante, la cocina es como una especie de subcontrata a la que se envían los pedidos y de la que se espera que entregue todos los platos en un tiempo y con unas características determinadas. Cómo lo haga es asunto suyo. Desde el punto de vista del restaurante, o al menos desde la perspectiva genérica del proceso "atender comanda" no tiene ninguna visibilidad cómo funciona la cocina, de la misma forma que no la tiene la barra si tratamos de reflejar cómo se sirven las bebidas. Habrá un responsable de barra que recibe la parte de la comanda que corresponde a bebidas y esa persona será la responsable de realizar el trabajo, por sí mismo o con 16 ayudantes. Eso es lo de menos. Lo importante es que cuando la bandeja con las bebidas aparezca en la barra lista para servir, habrá una persona a la que se podrá pedir responsabilidad sobre el resultado del trabajo hecho, el jefe de barra, que es la única persona que aparece en el proceso.

Por eso es por lo que a veces da un poco lo mismo poner personas o departamentos en las calles, aunque mi sugerencia es que pongas roles (personas genéricas), ya que de esa forma te acostumbras a cumplir con un requisito que tienen casi todos los marcos de gestión de proyectos y calidad: la asignación de responsabilidad en la ejecución de tareas.

En cuanto a su aspecto, tanto las calles como las agrupaciones son cajas rectangulares cerradas, con una pequeña zona en uno de sus extremos reservada para una etiqueta identificativa, que pueden colocarse tanto en posición horizontal como vertical. Lo normal es lo primero por una cuestión cultural, relacionada con el sentido de lectura que tenemos en occidente. Como leemos de izquierda a derecha y de arriba a abajo, es normal que al describir un proceso vayamos colocando los elementos en el mismo sentido. Pero aparte de esa convención cultural, no hay restricciones en la colocación de los canales. Si acaso hay un aspecto práctico, que podemos encontrar en cualquier otro lenguaje gráfico, que es tratar de colocar los elementos que componen el diagrama de forma que las líneas de conexión se crucen lo menos posible, facilitando su lectura.

En algunos programas, como en el que usamos en nuestros ejemplos, verás que las agrupaciones sirven para designar el proceso en su conjunto. Es una alternativa que yo personalmente prefiero, ya que deja más claro de qué va el proceso y evita que tengamos que poner su título en una nota flotando por el diagrama.

Artefactos

Nos queda por ver un grupo de iconos que se denominan "artefactos", que no tienen relación entre sí más allá de que ayudan a comprenden mejor el proceso. Los artefactos más importantes son tres: notas, documentos y grupos.

Las notas son un recurso que ya existía en UML, el lenguaje en el que se basa BPMN, que consisten en poco más que un rectángulo de texto que podemos colocar con total libertad en cualquier punto del diagrama. Sirven para hacer una aclaración a otro elemento con unas pocas palabras. En realidad no tiene forma de rectángulo, sino de rectángulo abierto por un lado, seguramente porque los diseñadores de BPMN querían evitar que se confundiera con el símbolo de tarea.

No hay muchas restricciones formales en el uso de las notas, pero en cuanto las uses un par de veces vas a darte cuenta del riesgo que entrañan: en lugar de dejar que sea el diagrama quien explique el proceso mediante los símbolos que lo componen, la tentación de explicar todos y cada uno esos símbolos con notas adicionales es muy grande. El problema es que el resultado va a ser exactamente lo contrario de lo que se pretendía; en lugar de obtener un proceso fácil de comprender, vas a generar un diagrama intrincado en donde las notas auxiliares ocuparán más espacio que las tareas y eventos.

Un diagrama es una herramienta visual, por tanto intenta reducir las notas al mínimo, por no decir que trates de evitarlas a toda costa. Recuerda que todos los procesos deben ir acompañados de un breve documento que explique sus partes, por lo que cualquier explicación que quieras dar tiene mejor cabida en ese documento que en el diagrama. Entonces, ¿para qué sirven las notas? Desde el punto de vista de BPMN, es un recurso que había que poner porque a veces es necesario. Desde el punto de vista del sentido común y la experiencia práctica, es un símbolo que es mejor dejar de lado. El único caso en que se me ocurre que puedan ser prácticas es para hacer advertencias de riesgo; por ejemplo, cuando queremos avisar de que si la comida se queda más de 10 minutos en la zona de entregas de la cocina, corre el riesgo de secarse y de que haya que volver a hacerla.

Los objetos de datos, que en castellano podemos denominar con más naturalidad "documentos", son representan información que se utiliza en el proceso, bien como datos de entrada que hay que procesar, bien como datos de salida que recogen el resultado de una actividad.

Igual que las notas, los documentos pueden ser útiles si se usan con prudencia, o una completa pesadilla si se abusa de ellos. Teniendo en cuenta que todas las tareas producen "entregables" y que la mayoría de ellos son información elaborada, podemos sufrir la tentación de poner a la salida de cada tarea un documento de resultado. Como en el caso de las anotaciones, lo que obtenemos es un diagrama complejo y difícil de entender. Vuelvo a decirte que las tareas, por definición, generan entregables. Si el resultado de una tarea es un informe, no hay que volver a poner ese dato en el diagrama mediante un icono de documento que represente el informe, sino que la propia tarea ya representa ese informe. Poner el documento duplica la información.

Nos pasa lo mismo que con las anotaciones; parece un icono muy interesante, pero si lo pensamos con tranquilidad vemos que es difícil encontrar situaciones en las que no genere más problemas que los que resuelve. Mi sugerencia es que sólo uses documentos cuando representen resultados adicionales al entregable de la tarea que sea importante señalar. Por ejemplo, si vamos a hacer la compra a un supermercado, lo normal es aparcar el vehículo en el garaje, donde el sistema de control de acceso nos dará un ticket de entrada para controlar el tiempo de estacionamiento. Ese ticket es irrelevante en el conjunto de la compra, porque no forma parte de ella. De ninguna forma podemos incluir el ticket en el proceso, porque la "compra" no tiene en el "ticket" uno de sus elementos. Una "compra" no se compone de fruta, verdura, carne, bebidas… y ticket de aparcamiento. Pero puede ser interesante dejar una indicación de que en la tarea de aparcar se genera un documento que recoge los datos del aparcamiento.

El último artefacto es el grupo, que no es más que un rectángulo punteado que sirve para identificar un conjunto de objetos que tienen relación entre sí. Por ejemplo, en nuestro proceso de pedido en el restaurante las tres o cuatro tareas que correspondan a la fase previa al pedido de la comanda (recibir, colocar en una mesa, mirar la carta) podrían formar un grupo de tareas de "preparación" que a lo mejor interesa señalar de alguna manera. Mi consejo, como con el resto de los artefactos es que lo uses poco para evitar confundir el diagrama y que pienses si ese grupo no representa mejor un subproceso.

En resumen...

En este capítulo hemos visto los elementos básicos del lenguaje BPMN, que consisten en:

* Actividades, que representan las tareas que hay que realizar en el proceso. Tienen forma de rectángulo con las esquinas redondeadas. Los subprocesos son un tipo especial de actividad que abre la puerta a otros procesos.

* Eventos, que son cosas que "ocurren" durante la ejecución del proceso. Tienen forma de círculo y pueden ser de tipo inicial, intermedio o final.

* Conexiones, que establecen el flujo de datos y ejecución entre los anteriores. Tienen forma de línea y se caracterizan por la presencia de cabezas (flechas) y un trazo continuo o punteado.

* Puertas, que permiten reflejar condiciones de elección y bifurcación en el flujo. Tienen forma de rombo.

* Canales, que representan los roles o departamentos que intervienen en el proceso. Tienen forma de caja alargada y suelen colocarse en horizontal, para seguir el convenio de lectura occidental.

* Artefactos, que sirven para aclarar detalles en el diagrama. Con prudencia, pueden ser muy útiles; el problema es que es fácil abusar de ellos.

Las reglas de BPMN son relativamente simples y, en esencia, sólo reflejan lo que diríamos con palabras. Lo que pasa es que a menudo es difícil expresar de forma correcta lo que pensamos. En el próximo capítulo veremos algunas problemas habituales en el diseño de procesos y la forma de resolverlos.

Capítulo 4

Problemas habituales

Una cosa es aprender las reglas del ajedrez y el movimiento de las piezas, que son relativamente fáciles y se pueden aprender en poco más de 10 minutos, y otra cosa muy distinta es jugar bien. Cuando yo era chaval tuve por primera vez un juego, que recibe nombres tan diversos como Othello o Reversi, en cuya caja decía: "el juego que tardas dos minutos en aprender y toda la vida en dominar". BPMN es algo así. Las reglas y elementos de BPMN no son muy complicados y se pueden aprender en un par de horas, como mucho.

Sí, ya sé que desde el principio te he dicho que sólo íbamos a ver una parte del lenguaje, pero lo que no vemos aquí no es que sea más complicado. Es más detallista, pero no más complicado. Es cierto que hay 60 tipos de eventos, pero todos son lo mismo: eventos. Todos representan cosas que ocurren alrededor del proceso y que influyen en el flujo de ejecución, de acuerdo a unas reglas muy similares.

Pero para un nivel de iniciación, para tener un primer contacto con el lenguaje y empezar a documentar procesos de una forma más organizada que hasta ahora, no hay que saber mucho más de lo que vemos aquí.

Ahora bien, una cosa es enterarse de que hay tres tipos de eventos básicos, tareas y subprocesos, y otra cosa es hacer diagramas que se entiendan y que sirvan para algo. Incluso si cumples bien todas las reglas del lenguaje, es posible que ni tu mismo puedas comprender lo que has dibujado al cabo de un par de días.

Mientras te he explicado los elementos de estilo de BPMN ya hemos visto algunas sugerencias para evitar problemas. Aquí las vamos a ampliar para evitar problemas de conjunto, no sólo cosas que afecten a las calles o al uso de las anotaciones.

Mala definición de las tareas

El mayor problema que me encuentro al enseñar o implantar BPMN es la gran dificultad que tiene casi todo el mundo para definir las tareas correctamente, empezando con un detalle que es un verdadero quebradero de cabeza: los procesos no deben ser secuencias de acciones, sino de resultados. Una frase tan corta suele robarme un montón de tiempo en los seminarios y cursos porque es muy difícil resistir la tendencia natural que tenemos a describir las cosas como una secuencia de pasos.

¿Te acuerdas de la primera vez que te pedí que describieras lo que hacías en la hamburguesería? Lo normal es pensar mentalmente en ello y narrar lo que haces: "entrar en el local, mirar el menú, hacer el pedido, pagar el pedido, preparar las hamburguesas, preparar las bebidas, etc".

Cuando vimos esto por primera vez, ya te llamé la atención sobre el hecho de que no todo el mundo hace las cosas en el mismo orden o de la misma manera. Además, al narrar lo que pasa por tu cabeza mezclas acciones de varias personas, porque no eres tu el que cobra, sino el empleado del restaurante. Y no eres tu el que cocina, sino otro empleado.

En aquel momento estas reflexiones bastaron para hacer nuestra primera versión del proceso, pero si miras de nuevo ese diagrama es posible que te des cuenta de un detalle importante: las tareas no representan acciones, sino resultados. Y ello es debido a un regla muy sencilla de la gestión de equipos y personas: es imposible decirle a la gente lo que tiene que hacer siempre. Si lo intentas, si tratas de cubrir todas y cada una de las eventualidades, el resultado es un proceso terriblemente detallista, largo y complicado que será muy difícil de aplicar. Te digo de nuevo que comprendo que este es el comportamiento normal y que es lo que hace todo el mundo (incluido yo al principio), pero que es algo que debes evitar como sea.

En lugar de describir la secuencia de pasos que forma el proceso, intenta describir los resultados intermedios que necesitas producir para llegar al final. En el caso de la hamburguesería, el resultado es una bandeja con comida a disposición del cliente. Yo tengo un truco mental para saber si algo es un entregable que llamo la Regla del Lazo: si no puedo meterlo en una caja, envolverlo en papel de regalo, ponerle un lazo y dárselo al cliente, no es un entregable. El objetivo de la actividad profesional, ya sea en torno a proyectos o servicios, es proporcionar cosas que resuelvan una necesidad al cliente y nos pague por ello. Incluso los servicios generan entregables.

Si pensamos, por ejemplo, en un abogado al que se encarga la defensa de un juicio, podríamos decir que es algo intangible que no se puede concretar. Pero es muy fácil: basta con pensar que lo que el abogado vende no es algo abstracto llamado "defensa", sino que tiene la obligación de entregar su plan de trabajo por escrito, incluyendo los fundamentos de su estrategia. Ese "informe de defensa" es lo que estamos comprando. Es posible entrar en un despacho, exponer un problema y salir de ahí con un informe bajo el brazo en el que se nos diga qué hacer y porqué. Hay que acostumbrarse a pensar en términos de entregables, no de acciones.

Si haces lo que te acabo de sugerir, verás que describir lo que hace un abogado es muchísimo más sencillo de lo que pensabas: el primer "entregable" son las notas que toma en la reunión de contacto; el siguiente podría ser un borrador de defensa en el que se indican los fundamentos de derecho básicos; seguirían un escrito de contestación a la demanda, un informe de actividad, un estudio de precedentes jurídicos, etc. Es perfectamente posible describir todo lo que hay que hacer como una secuencia de informes.

El truco para que esto funcione es que te impongas una regla muy sencilla: las tareas se definen por el entregable que generan. Así, no existe la tarea "preparar hamburguesa", sino que es "hamburguesa", ya que ese es el resultado que produce. No hay una tarea llamada "consultar precedentes y legislación", sino que sería "informe de fundamentos jurídicos".

Esto resuelve esa regla que mencionaba más arriba: no te empeñes a decirle a la gente lo que tiene que hacer, indica tan sólo lo que esperas de ella. De esa forma puedes llegar a implantar un sistema de gestión por delegación de la responsabilidad.

La definición de tareas es una actividad muy compleja y requiere tiempo y práctica para hacerlo bien. No tiene nada que ver con la sintaxis de BPMN, ya que por lo que respecta al lenguaje da igual cómo las denomines. Pero en mi experiencia como consultor y formador te aseguro que las cosas van a ser mucho más sencillas si lo haces de esta manera.

Hay una norma de definición de tareas y análisis de su complejidad que puede serte de gran utilidad, llamada Estructura de Descomposición del Trabajo, o "Work Breakdown Structure" (WBS). En esta misma colección hay una guía dedicada a este tema y al final de este libro he incluido bibliografía que puedes consultar si te interesa.

Abuso de las condiciones

Otro de los elementos de BPMN que terminan convirtiéndose en un dolor de cabeza son las condiciones. Aparentemente nos encontramos ante uno de los grandes recursos del lenguaje, ya que es un símbolo sencillo que permite reflejar la incertidumbre que a menudo salpica la ejecución de los procesos.

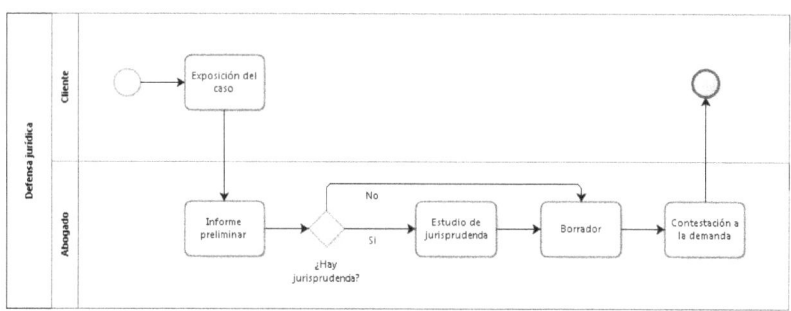

Retomando el ejemplo de la defensa jurídica, tras escuchar la exposición del caso que nos ha hecho el cliente, el abogado realiza un informe preliminar en el que anota sus primeras impresiones, la línea de defensa que considera más adecuada y algunas cosas que quiere confirmar y buscar, como las referencias legislativas y los antecedentes judiciales que la apoyan. El siguiente paso consiste en acudir a alguna de las bases de datos de jurisprudencia y buscar casos similares, pero se encuentra con que no hay nada. Su idea es tan original que hasta ese momento no ha habido un caso semejante. ¿Qué hacemos? Una condición:

* Si hay jurisprudencia, entonces hacemos un estudio de la misma.

* Si no la hay, saltamos este paso.

Esto es uno de los mayores errores que se pueden cometer y es origen de diagramas enormemente complejos, llenos de condiciones, excepciones y situaciones peregrinas. Por tratar de cubrir todas las eventualidades, se hacen procesos largos que nadie puede seguir.

Hay una razón muy simple por la que esta forma de definir procesos es un error: es imposible anticipar todas las incidencias. Cuanto más amplio sea el proceso e implique a más personas, mayor será la probabilidad de que surja un contratiempo, algo que no estaba previsto y que puede hacer condicional la ejecución de una se sus partes. Si tratamos de ponerlas todas en el diagrama, estamos documentando las excepciones, cuando lo que tiene que hacer un proceso es definir las condiciones normales de trabajo.

En el caso que acabamos de ver es mucho más fácil eliminar la condición y asumir el siguiente escenario: voy a hacer el informe y busco los antecedentes en la base de datos. Si los hay, los incluyo y comento. Si no los hay, indico que no han aparecido y ese es el contenido del informe. Es decir, siempre hay informe. La diferencia entre ambas situaciones es que el contenido es positivo o negativo. Pero de esa forma eliminamos la duda y así evitamos situaciones en que alguien lea el proceso y nos pregunte: "¿Y si no encuentro antecedentes, qué hago?". La respuesta es: "escribes el informe de la misma manera, indicando que no hay casos anteriores que apoyen la premisa de la defensa". Ya está asunto solucionado. Hemos convertido una excepción en un flujo normal de ejecución. El resultado, como puedes ver en el diagrama, es un proceso más sencillo de escribir y leer.

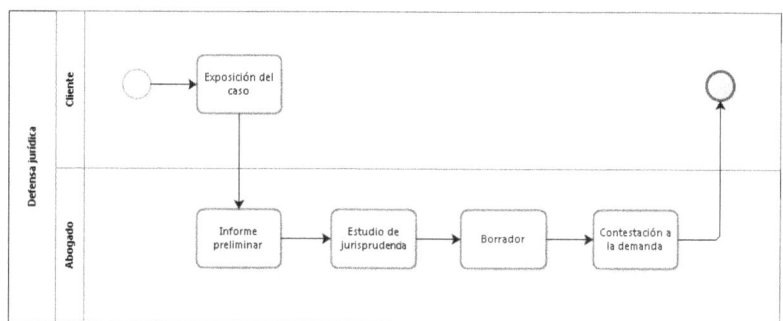

¿Qué pasa, entonces, con las situaciones que son verdaderamente problemáticas, aquellas que nos obligan a tomar un ruta alternativa o que pueden suponer el bloqueo o la finalización adelantada del proceso? Vamos a retomar otro de los ejemplos recurrentes de este seminario: el transporte por carretera. La descripción normal del proceso podría ser: iniciar, planificar la ruta, iniciar la marcha, llegar, entregar y fin. ¿Puede ocurrir a lo largo del recorrido que se pinche una rueda? Si, es bastante habitual. ¿Puede que nos quedemos sin combustible? Pasa casi siempre. ¿Cómo lo reflejamos en el diagrama? La respuesta es "de ninguna manera".

Lo que voy a explicarte a continuación es un concepto muy simple, pero algo difícil de comprender. Cuando doy este curso a programadores es mucho más fácil porque en informática hay un término que refleja perfectamente lo que quiero explicarte: esas situaciones no reflejan el flujo normal de ejecución, sino que son excepciones y, como tales, deben tratarse como procesos independientes.

En programación, una excepción es normalmente una interrupción provocada por una acción del usuario, como puede ser pulsar una tecla o desplazar el ratón. Todo eso supone un nueva entrada de datos (la letra pulsada, la distancia recorrida por el ratón) que hay que trasladar al programa para que reaccione. Las excepciones provocan que el procesador pare lo que está haciendo y acuda a una zona de memoria en la que está almacenada una pequeña secuencia de código que es la gestión de la excepción. La excepción puede suponer la finalización del programa o una sencilla interrupción sin consecuencias. No lo sabemos, depende de lo que haga el programa de gestión.

Lo mismo tenemos que hacer con los procesos. Cuando yo planifico un transporte, quedarme sin combustible no es lo normal, sino una excepción. es algo que ocurre durante el trayecto y que puede dejarme tirado (finalización) o forzarme a parar unos instantes en una estación de servicio (interrupción). Lo que pasa es que ninguna de esas dos situaciones se resuelve en el proceso de transporte, sino en el de repostaje.

¿Y cómo reflejamos la interrupción en el proceso? De nuevo, de ninguna forma. Hay que hacer un diagrama separado en el que describiremos el nuevo proceso de forma independiente. Ahora bien, acuérdate que todos los procesos empiezan por un evento de inicio que identificamos con un punto gordo. Si recuerdas lo que te dije en el capítulo 3, ese evento representa las condiciones que "disparan" la ejecución del proceso. Pues aquí la solución es tan sencilla como decir que "siempre que el depósito esté por debajo del 20% de capacidad, se iniciará el proceso de repostaje". Ese proceso interrumpe el de transporte, o cualquier otro, hasta que se resuelve la incidencia y se puede retomar la actividad anterior. El único sitio en el que se indica es en su propio diagrama.

Haciendo así las cosas es muy fácil definir una biblioteca procesos individuales que podemos ir ampliando poco a poco. Cada vez que ocurre una excepción y aprendemos una lección que beneficia al negocio no retocamos el diagrama original, sino que añadimos un nuevo proceso de gestión de incidencias que refleja ese problema concreto.

¿Estoy diciendo que las condiciones están prohibidas? No, forman parte del lenguaje y a veces hay que ponerlas. Lo que te digo es que casi seguro que siempre que las pongas hay una forma alternativa de describir el problema más fácil de lo que piensas. Para mí, un poco en broma y un mucho en serio, si un proceso tiene una condición casi seguro que está mal.

Si tiene dos condiciones, SEGURO que está mal ;-)

Abuso de la iconografía

Acabamos de recordar que cuando vimos los eventos te conté que había 60 tipos distintos, aunque todos podían resumirse en tres: evento inicial, final e intermedio. ¿Qué es lo que dicen los otros 57 símbolos?

Pues por ejemplo, hay eventos temporizados, que responden a una situación programada con anterioridad o que ocurre cada cierto tiempo. También hay eventos de mensajería, que se producen cuando llega un mensaje externo. Los de señalización se producen cuando ese mensaje tiene forma de señal simple, como un semáforo o una alarma. Y estas circunstancias pueden darse en cualquier momento, ya sea al principio, al final o durante la ejecución del proceso, lo que quiere decir que hay eventos de mensajería iniciales, eventos de mensajería intermedios, eventos de mensajería finales, eventos temporizados iniciales, eventos temporizados intermedios, etc. En el gráfico puedes ver algunos de los símbolos que corresponden a estos eventos, y recuerda que hay 42 más que no he incluido.

El problema es cuando nos ponemos a hacer el diagrama y, ante una hermosa interfaz de usuario, te encuentras todos esos símbolos y te pones a pensar cuál es el más adecuado a la situación que tratas de documentar. Si estamos anotando el proceso de empezar la jornada y empezamos por la alarma del despertador… ¿se trata de un evento inicial programado, porque ocurre todos los días a la misma hora, o de un evento inicial de señalización, porque me llega una alarma acústica? ¿O no será más bien un evento inicial condicional, porque hay días en los que la alarma no suena? El escenario puede ser mucho peor, porque hay decenas de símbolos para variantes de tareas, subprocesos, mensajes, eventos y llamadas. Es como estar ante el mostrador de una pastelería y te entran ganas de probar todos los pasteles.

Has llegado a una situación conocida como "parálisis de análisis", que es más propia de los entornos de programación de software, pero que viene a decir que la complejidad de la herramienta ha superado la complejidad del problema que trata de resolver.

La única forma de luchar contra esto es el sentido común y recordar que nunca puedes dedicar demasiado tiempo a estos detalles. BPMN proporciona una solución simple y elegante al problema: en caso de duda, utiliza el símbolo correspondiente al objeto más genérico. Si pierdes más de 3 segundos en decidir si el despertador es un evento programado o de mensajería, pon sólo el símbolo de evento inicial y pasa a la siguiente tarea. No compliques el diagrama innecesariamente tratando de convertirlo en un árbol de Navidad, en el que hay que colgar forzosamente todas las bolas de la caja, que en este caso es todo el repertorio de iconos y símbolos de BPMN.

En resumen...

En este capítulo hemos visto tres problemas habituales que pueden surgir al realizar diagramas con BPMN:

* Muy a menudo las tareas son excesivamente detallistas y complejas, lo que da lugar a diagramas con los mismos defectos. La solución es que intentes definir las tareas como resultados intermedios del proceso, no como acciones que hay que seguir al pie de la letra.

* También es normal perderse en infinidad de excepciones y situaciones hipotéticas que pueden ocurrir o no durante la ejecución del proceso. Describe las cosas como tienen que suceder en condiciones normales y crea diagramas y procesos independientes para las excepciones. Es más fácil y puedes hacer crecer tu biblioteca de procesos de forma más gradual.

* Por último, la gran diversidad de símbolos y recursos en BPMN puede ayudarnos a crear diagramas muy precisos en su significado, pero también pueden hacernos perder mucho tiempo y generar dudas adicionales por su conveniencia exacta. Si tardas más de tres segundos en decidir qué tipo de icono tienes que usar, vete a por el genérico y aclara las dudas en la documentación del proceso.

Conclusiones

Hemos dedicado un buen rato a conocer los fundamentos de este lenguaje gráfico y espero que te haya parecido interesante. Creo que es un lenguaje fácil de aprender y aplicar, y quiero animarte a que ahora mismo cierres este librito e intentes dibujar tu primer diagrama, aunque sea en un papel. No pierdas el tiempo en encender alguna máquina para instalar el software y arrastrar iconos en el diseño. Eso vendrá un poco más tarde; quizás dentro de media hora. Por el momento lo único que te propongo es que cojas una hoja de papel y trates de ordenar tus ideas sobre cómo reflejarías, con los elementos y reglas que hemos aprendido, el primer proceso que te venga a la cabeza.

A continuación encontrarás un par de apéndices con reco- mendaciones de lectura y software para que puedas seguir avan- zando. Espero que te resulten igualmente útiles. Si quieres pre- guntarme algo, puedes encontrarme en LinkedIn, en http://bit.ly/20Qh0oZ, o escribirme a través del formulario de mi dominio en la dirección http://bit.ly/1KLqEax.

Lecturas recomendadas

Si lo que hemos visto en este seminario te ha parecido interesante, a continuación te indico algunos textos que puedes leer para ampliar conocimientos.

Especificación BPMN 2.0.2

Publicado por el Object Management Group, es un documento en formato PDF que se puede descargar de forma gratuita en su sitio Web, de unas 500 páginas de longitud. Es una norma oficial, así que se trata de un texto difícil de leer, incomprensible en algunos puntos y lleno de parafernalia oficial que no aporta mucho a su comprensión. Pero es la norma de referencia y si tienes dudas de lo que significa un símbolo o quieres preparar el examen de certificación, es el mejor texto de consulta.

* En inglés, sin ISBN. Disponible en la Web del OMG, http://bit.ly/20T4KnG.

Real Life BPMN

Sin lugar a dudas, uno de los mejores libros sobre BPMN en el mercado, si buscas un guía para estudiar todos sus detalles. Aunque se trata de una traducción del original en alemán, se entiende perfectamente. No puedo decir lo mismo de la edición en castellano, ya que no te tenido oportunidad de leerla. Lo que si te sugiero es que no lo compres en edición para Kindle, ya que es un libro lleno de diagramas y éstos son difíciles de leer en ese formato.

* En inglés, ISBN: 978-1502972323. Disponible en Amazon, http://amzn.to/1SSpPOf.

* En castellano, ISBN: 978-1460903933. Disponible en Amazon, http://amzn.to/1WGxsH7.

Practice Standard for Work Breakdown Structures, 2nd Ed.

No es un libro directamente relacionado con BPMN, pero es de lo mejor que hay para planificar el trabajo y adquirir unas reglas claras de organización del mismo. Conceptos como la regla de la subcontratación o los límites de duración de las tareas se explican perfectamente. Aunque es un libro normativo, es fácil de leer y no es muy largo. Muy recomendable.

* En inglés, ISBN: 978-1933890135. Disponible en Amazon, http://amzn.to/1deZd1h.

Gestión de tareas con Kanban, 2a Ed.

Tampoco es un libro relacionado directamente con BPMN, pero complementa los conceptos que hemos visto aquí con un método sencillo y fácil de aprender de gestionar tareas mediante tableros y tarjetas. Kanban es un método de gran difusión y versatilidad, que se ajusta casi a cualquier proceso de negocio.

* En castellano, ASIN: B00VP5PL2G. Disponible en Kindle, http://amzn.to/1Hgrl7p.

Aplicaciones recomendadas

Para poner en práctica todo lo que hemos visto en este seminario es suficiente con usar lápiz y papel, pero es útil contar una una herramienta de diagramación. Aunque los programas genéricos, como SmartDraw o MS Visio, incluyen librerías para hacer diagramas de este tipo, hay algunas aplicaciones especializadas a las que te recomiendo que eches un vistazo:

BizAgi Process Modeler

Process Modeler es una de las mejores herramientas para diseño de procesos. Es fácil de aprender a manejar y exporta los diseños a un amplio número de formatos. Lástima que sólo esté disponible en PC. Forma parte de un entorno de desarrollo de aplicaciones más amplio, que es el verdadero negocio de BizAgi, pero este funciona de forma independiente y para descargarlo sólo hay que registrarse.

* Disponible en su sitio Web, http://bit.ly/1NX7SYr.

Camunda Modeler

Es la alternativa Open Source al programa anterior y tiene la ventaja de que también está disponible también para PC y Linux, ya que se trata de una aplicación Java basada en el entorno Eclipse. Eso puede ser bueno o malo. Lo bueno es que funciona y lo ha desarrollado el mismo equipo que publicó el libro Real Life BPMN. Lo malo es que Eclipse… en fin, digamos que consume bastantes recursos. Aun así, insisto en que funciona bien y es gratuito, así que merece la pena probarlo.

Disponible en su sitio Web, http://bit.ly/1NX7Y29.

Otros contenidos y actividades

Este manual forma parte de la colección Conceptos de Ediciones Rainer, una serie de libros de bolsillo de 50 a 70 páginas en los que se explican, de forma breve y práctica, conceptos relacionados con las áreas de dirección de proyectos, marketing electrónico, sistemas de información, astronomía e historia, entre otros.

La colección Conceptos es la línea divulgativa más general de Ediciones Rainer, que surge con la intención de facilitar la comprensión de ideas fundamentales en cada uno de los ámbitos indicados. Se trata de obras de poca extensión que se pueden leer en un par de horas y que ayudan a adquirir una idea clara y completa del tema tratado, casi siempre con recomendaciones para ampliar conocimientos en forma de bibliografías y lecturas recomendadas.

En aquellos temas que requieren o merecen más profundidad, la colección Monster Guides es el siguiente formato editorial, con manuales en torno a las 200 páginas que amplían los temas aquí tratados con más casos prácticos y explicaciones más detalladas.

Puedes consultar el catálogo completo de ambas colecciones en el dominio edicionesrainer.com. Todas las colecciones de Ediciones Rainer están disponibles en los formatos más populares de libro electrónico (Kindle, Nook, iBook, Tagus) y en papel, aunque las fechas de distribución y disponibilidad pueden variar de un país a otro.

Esta colección se complementa con una serie de actividades en vivo, en forma de seminarios y conferencias, con una duración media de 2 a 4 horas. Estos seminarios se convocan normalmente en sábado por la mañana por toda la geografía española. Si quieres consultar el calendario de convocatorias, puedes hacerlo consultando nuestro sitio web en raineropenschool.com. También puedes consultar la posibilidad de organizar un seminario personalizado para tu escuela o empresa en

contacto@raineropenschool.com

o en el formulario de contacto de mi sitio Web

http://bit.ly/1KLqEax.

www.ingramcontent.com/pod-product-compliance
Lightning Source LLC
Chambersburg PA
CBHW060417190526
45169CB00002B/940